味道的传承

影响中国菜的那些人

董克平 主编
黄静琳 著

鄢赪

青岛出版集团 | 青岛出版社

董克平 | "味道的传承"丛书主编,总策划

毕业于北京大学哲学系。北京APEC(亚太经合组织)领导人会议首脑宴会专家顾问,《舌尖上的中国》第一季、第二季美食顾问,《风味人间》第一季、第二季美食顾问,央视综合频道《中国味道》总顾问、总策划,央视科教频道《味·道》总顾问,摩根士丹利中国峰会宴会召集人,美团点评黑珍珠榜理事,携程美食林理事。著有《口头馋》《食趣儿》《吃鲜儿》《寻味儿》《知味儿》等美食文集。

黄静琳 | 自媒体"琳琳的厨房"运营人

毕业于南开大学,资深媒体人。原《南方都市报》资深美食记者,美食杂志主编,国内知名生活方式自媒体达人,一手文字,一手设计,擅长捕捉生活中细微之美。

影响中国菜的那些人

鄢赪

董克平 主编
黄静琳 著

青岛出版集团 青岛出版社

图书在版编目（CIP）数据

影响中国菜的那些人. 鄢赫 / 董克平主编；黄静琳著. — 青岛：青岛出版社，2023.7

ISBN 978-7-5736-1183-3

Ⅰ.①影⋯　Ⅱ.①董⋯②黄⋯　Ⅲ.①鄢赫–事迹　Ⅳ.①K828.9

中国国家版本馆CIP数据核字(2023)第097171号

YINGXIANG ZHONGGUOCAI DE NAXIE REN YAN CHENG（WEIDAO DE CHUANCHENG）	
书　　　名	影响中国菜的那些人　鄢赫（味道的传承）
主　　编	董克平
著　　者	黄静琳
摄　　影	老马识途（鲁伟）　王老虎　思博睿
出版发行	青岛出版社
社　　址	青岛市崂山区海尔路182号（266061）
本社网址	http://www.qdpub.com
邮购电话	0532-68068091
策划编辑	周鸿嫒
责任编辑	肖雷
装帧设计	杨晓雯　任芝　丁文娟
制　　版	青岛千叶枫创意设计有限公司
印　　刷	深圳市国际彩印有限公司
出版日期	2023年7月第1版　2023年7月第1次印刷
开　　本	16开（787毫米×1092毫米）
印　　张	11
图　　数	181幅
字　　数	150千
书　　号	ISBN 978-7-5736-1183-3
定　　价	158.00元

编校印装质量、盗版监督服务电话：4006532017　0532-68068050
建议陈列类别：生活类　美食类

靠山吃山。
云南，占据天时地利，
各色山珍奇味。
菌，花，菜，
四时不同。

道不尽自然鬼斧神工，
看不够人间四时美景，
品不完四季地道风物。

玉龙、梅里……雪山交错，
怒江、澜沧江、金沙江……三江奔流，
傣、彝、苗、藏族……各民族汇聚，
山海之间，广袤、静谧、丰盛、包容……

漂亮的云朵，
灿烂的阳光。
植物蓬勃生长，
鲜花四季盛开。
诗意，神秘，奇异，丰饶，
是民族的，也是世界的。

目录

壹。矛盾与完美

- 秘境，博杂，包容 …… 02
- 让云南和世界对话 …… 04
- 一个身上充满『矛盾与问号』的人 …… 06
- 压力之下，一飞冲天 …… 08
- 完美主义者的极致追求 …… 10

贰。民族的，世界的

- 无『酸辣』不欢 …… 12
- 火塘文化 …… 13
- 那些奇怪的滋味 …… 15
- 时间魔法 …… 18

叁。从蘸水到 dressing（调料）

蘸水，云南人家的必备品…… 24

云南蘸水，五味调和…… 26

独创酱汁，本土食材，时尚呈现…… 38

肆。靠山吃山

进山…… 50

干巴菌…… 52

牛肝菌…… 54

羊肚菌…… 56

鸡㙡菌…… 57

黑虎掌菌…… 59

需要提上一提的其他菌类…… 61

伍。拈花微笑

鲜花丛中的慢时光 …… 64
去斗南，投入鲜花的海洋 …… 66
爱鲜花的时尚达人 …… 68
爱花，就吃掉它 …… 69

陆。逛逛菜市场

怪怪的菜 …… 77
虫虫乐园 …… 84

柒。鄢赪大师的16道经典菜

蟠桃乳饼配虾胶羊肚菌 …… 88
玫瑰糖醋干巴 …… 94
干巴菌烩饭 …… 100
过桥米线 …… 104
云南春卷 …… 110
虫草石斛花汽锅鸡 …… 114
大理梅子鲫鱼 …… 120
鸭油臭豆腐 …… 124
云南烤鸭烧饵块 …… 128
煎鸡豆粉金雀花卷 …… 132
傣家泡抗浪鱼 …… 136
美味牛肝菌 …… 140
酸笋薅头汁和牛 …… 144
苏子包 …… 150
皱皮青椒炒鲜天麻 …… 158
芝麻锅渣 …… 162

壹。
矛盾与完美

对作品的高标准、严要求,让信任星座学说的人觉得鄢颇是处女座的人。

事实上,双子座的他,带有明显的风向星座的特点,有双重个性——一是有天马行空的艺术气息,二是冷静和苛刻,而且拒绝粗糙,把对细节的关注进行到底,对工作追求完美。

秘境,博杂,包容

彩云之南,低纬高原。这里多山脉,平地少,地形异常复杂,自古被外人称为"秘境"。

云南地处我国西南边陲,北回归线横贯其南部。北依广袤的亚洲大陆,南望辽阔的印度洋。各地高低悬殊,最高处和最低处的差距达6000多米。

独特的地理环境,造就了云南气候条件的多样性。

一省之内,受纬度、海拔的影响,气候兼具热带、亚热带、温带等多种类型,"立体气候"特征鲜明。

真正的一天有四季,十里不同天。

山脉、河流等独特的地理环境，造就了云南区域文化的多样性。

云南与缅甸、老挝、越南等国相邻，其边界线总长为 4000 多千米，是中国西南地区与东南亚国家联系的主要通道，拥有得天独厚的区位优势和人文优势。

积雪的山川，美丽的高原、湖泊，珍稀的动物，茂密的原始森林，珍贵的文物古迹，绚丽的民族风情，千年的茶马古道，加上跨越民族的信仰和来自世界各地的游客，形成了云南"民族＋世界""传统＋时尚"的别具一格的文化包容性。其风土、人文独树一帜，迥异于国内其他地区。

壹。矛盾与完美

让云南和世界对话

从饮食文化角度而言，安于西南一隅、少数民族众多、交通不便等诸多因素造就的云南菜，表现出来的风格是粗犷不羁、风味繁杂，带着"难驯的野性"。

云南菜，没有进入八大菜系的行列，也难以像粤菜、川菜、湘菜、淮扬菜那样在全国遍地开花，原因在于云南的味道实在难以归纳和总结。这里有太多的民族，且海拔高度变化多端，另外这里地貌复杂，气候不同，食材驳杂，难以让人把握其菜品特点。

而一个人出现了，他开始尝试让云南菜与世界对话。

他一次次率队参加全国乃至世界的烹饪大赛，把云南的味道带了出去。融合了当地食材、多民族元素，运用多种最新的、科技的、创意的呈现手段制作而成的云南菜，刷新了全国乃至世界餐饮领域对云南菜固有的印象。他让世人看到：原来，云南菜可以如此地时尚，跨界，多元。

他，就是鄢赪。

一个身上充满"矛盾与问号"的人

很多概念，说起来容易，实现起来难，天时、地利、人和，缺一不可。

和世界对话，跨界，crossover（风格混搭）……云南菜自成一派的文化特点，通过鄢赪，得到了完美演绎。

生在昆明，童年和少年时期生活在上海，中学回到昆明，之后他陆续在东南亚国家和法国工作，直至最后落脚于昆明。

复杂的成长经历，赋予了鄢赪特有的"矛盾、时尚、融合"的印记。这些特点，从性格贯穿到其出品。一个在 19 岁前从来没有想过做厨师的人，却在餐饮圈里一干就是 31 年，从厨工做到总经理的位置。

偏爱绘画的桀骜少年，梦想朦胧而遥远——他梦想通过手中的画笔，抒发胸臆。在多年前，如果他的这一喜好得到长足发展，国内就有可能多了一位艺术家，但造化弄人，按照常规教育路径，他上完高中考大学，落榜，之后无奈踏入社会。

鄢赫的少年、青年时期，平平淡淡，挫折不断，但热爱绘画，拥有艺术天赋的他，最终在未来的某一时刻发挥出巨大的能量。近 30 岁时，他的人生才开始峰回路转。

他，十几年没有回老家，喜欢睡懒觉、泡吧。头发一丝不苟，身穿 Burberry（博柏利）的紧身风衣，最喜欢朋克风。打开衣柜，里面都是皮夹克、牛仔裤、皮靴、皮鞋。虽然穿的机会不多，但是他看着就觉得心潮澎湃，心满意足。对自己的形象，和手中的出品一样关注。

思想前卫，眼神冷静、倔强，骨子里充满叛逆。他爱车，最喜欢陆虎之类硬朗型的越野车。个性决定人生，内心里，他永远是一个不羁的追风少年。

壹。 矛盾与完美

压力之下，一飞冲天

鄢赪属于真正的"大器晚成"类型的人。

19岁考大学落榜后，鄢赪来到昆明饭店，做了一个小小的学徒。

从未想过做厨师的他，一开始自然对料理台上的工作缺乏热情。

9年，最青春的年华。厨房最底层的打工人，看不到前景的压力。那是隐忍的9年，也是他人生中最痛苦的9年。但事实上，这9年时光里，从事中餐最基础的工作，奠定了鄢赪扎实的基本功。水案——宰杀各种鱼、活禽等，使他练就一手好"刀法"。没有他不会宰杀的牲畜、家禽，也没有他不会分解的肉类。分解一条宣威火腿，他只需要7分钟！

鄢赪说："所以要感谢给你压力的人，感谢给你压力的事！"

看似最痛苦的经历，自有它的意义。藏在骨子里的天赋，一旦有机会，就会如火山喷发，一发而不可止。正是制作冷盘的岗位，让鄢赪对自己的工作有了全新的认识。因为有绘画基础和出色的审美意识，所以他制作的造型别出心裁，逐渐得到同事和前辈的赞赏。他开始发现，原来做菜也很有意思。

首届中餐烹饪世界锦标赛上，他所在的云南队呈现了汽锅鸡、稀豆粉饵丝、乳扇等6道滇菜，但这些菜与传统滇菜的区别很大。吃惯了传统滇菜的人，甚至难以看懂云南队做的是什么菜。前菜蟠桃乳饼，是将邓川地区的乳酪打成蓉，再塑成桃子的形状，造型精巧。甜品则是将传统的乳扇切成丝，油炸后与坚果仁一起被压制而成的萨其马，卖相小巧细致，酥脆而不粘牙。在场试过味道的评委无不感到惊艳。传统滇菜的辣、咸、多油的感觉，此刻从外到内，被彻底颠覆。

对于西餐而言，摆盘，是整个出品的重要环节之一，也是食物二次创作的过程。

他的作品将食物用富有极致美感的形式呈现，给食客带来口舌之外的感官的愉悦。体验这种美，是在经济发展到一定阶段后，食客有足够的美食经历之后的必然追求。对食物的"全面感官"之美的追求，是世界范围的。

先从事西餐，再转战中餐，鄢赪的独特经历，给了他独一无二的灵感——把云南的原材料及现代的西餐技术和审美元素融合，让云南传统味道包裹上国际时尚风的外壳。从一个全新的角度，向外界传达滇菜的特点。

鄢赪觉得，"云南的食材非常丰富，但是滇菜一直没有走出去，不像川菜、湘菜那样受众广泛"。他认为，滇菜必须与时俱进，必须融入现代思想，以适应现在的环境。

现代分子料理，最早源于西班牙。那里距离云南有半个地球那么遥远。鄢赪非常钟情、充分使用的现代烹饪技术里就有分子料理。鄢赪把分子料理和云南食材进行结合，把云南料理用现代西餐技术进行重新演绎，让云南菜完成了一次蜕变。

完美主义者的极致追求

昆明饭店左侧一楼，是"鄢赪技能大师工作室"。

这是鄢赪的小世界，也是滇菜对外交流的一扇窗口。

很多人正是从这里认识了新滇菜。

在鄢赪的手里，传统的、民族的、重口味的滇菜，与西餐接轨。滇菜引入西餐所长，呈现出别样的风采。

中国烹饪大师、中国滇菜大师、中国西餐烹饪大师、法国国际厨皇美食会蓝带勋章获得者、世界厨师联合会国际评委，2014年获得国务院特殊津贴……几百个各类荣誉和称号的肯定，是一个厨师大器晚成的证明。

食之有道。在鄢赪的美食哲学中，对味的过度追求会伤口乃至伤神。不放纵，有节制，适度，才能使菜肴和谐美妙——生活亦是如此。

要大道有成，不仅要味道适度，还要有营养的合理搭配，甚至要将食物与美感结合起来。鄢赪对"道"的追求有自己独到的体悟。汁水中的蒜蓉剁得有点儿粗，鄢赪会要求必须重新加工；装酱料的碗不能太大或太小，也不能太粗糙；一片装饰的薄荷叶的摆放位置也需要仔细推敲——对任何细微问题、任何瑕疵，决不姑息。

贰。

民族的，世界的

云南，除了有壮丽的风景，还有无边的风情。独特的少数民族文化，别具一格的民族味道，奇特的信仰，神秘的神话传说，在这里融合。

无"酸辣"不欢

云贵川等西南几省的人，普遍食辣。这些地方的人喜食辣，一般认为最主要的原因是高原、山地或者低洼地带云雾缭绕，雨水频密，人们要不断吃辣，才能把身体里的寒湿之气逼出来，以免生病。

川味"麻辣"，湘味"干辣"，相比之下，滇味的最大特色是"酸辣"。和贵州人做酸辣菜不同的是，云南人做菜更擅于使用香料。云南人将不同地域生长的各色特殊香草，信手拈来，丢入菜肴中，做出的成品在酸辣微麻、重油味厚之余，有更多婉转回味之处。

海拔影响到物种，一个海拔落差达6000多米的大省，收获的得天独厚的食材是其他地方难以企及的。更何况，全国56个民族，云南就有20多个。各民族人民的分布，生活习性、饮食风俗的差异，也与气候和海拔息息相关。同时云南在古代为贬谪流放之地，外来之人带来了外来之味，也是云南口味繁杂的原因之一。

因此，更准确的归纳是：云南菜的特色一是有酸辣的口感，二是其取材用料的广泛和独特是国内其他任何一个地方都无法比拟的。

火塘文化

　　一个地区惯用的用火方式和其经济的发达程度有关。而湿度和温度等气候因素,也会影响这一地区的用火方式。

　　由于生存环境所限,在云南用火方式会呈现出某种特别的规律性和单一性。

　　比如,火塘。

　　深入云南高原的乡村,我们会看到堂屋正中的常年燃烧的火塘。它仿佛是一个家族不灭的血脉之火。这些地方的堂屋,如同城市家庭带有电视的客厅,能聚得起一家人,但是又真正地有温度,有灵魂。寒冷的夜晚,一家老少,围坐在火塘边,身心和肠胃都异常温暖。

　　山区里昼夜温差大,取暖、做饭、睡觉,都要依赖堂屋中间的这处火塘。从基本的做饭、照明到一家人聚会、聊天及商议家庭事宜,都在这里。火塘,俨然已经成为寻常生活、人际交往的一处核心之地,并由此引申出更深远的家族象征、祭祀文化。

火塘在山地、高原的少数民族区域，显得尤为重要。如在云南的彝族、白族、纳西族、摩梭族等民族的聚居区，火塘俨然成为图腾一样的存在。敬奉火塘为神灵的民族，更形成了许多带有象征性的规范。比如火塘里的火必须常年不断，即使明火熄了，也得用草灰闷住火堆以保存火种；不能向火塘丢弃不清洁之物等。

如今，在云南的城市里，也有很多人喜欢使用火塘。他们有的用它烹调具有家乡风味的原生态味道，有的用来聚拢参与夜生活的小圈子的人。城里的火塘面积不太大，又暖和又聚气。在这里，人与人之间的关系很近，喝酒、聊天、弹琴、唱歌。半夜不睡觉的夜猫子们，找处火塘，就可以消磨大把时光。

大部分使用火塘的地方，烹调的方式也非常相像，即利用火塘边的架子，烧、煮食物。

原生态的食材，原生态的烹调方法，朴素、原味。

上面架着网，下面是忽明忽暗的炭火。

没到饭点，向粗陶的敞口茶壶里放进茶叶，在火上慢慢地焙烤，直到茶叶干香，再淋进一壶沸水，围坐的几人，就能享受美好的饮茶时光。

到了吃饭的时候，炭火上放上一锅鸡汤，丢进各色菌子，又是一顿好饭。

那些奇怪的滋味

建水草芽，石屏豆腐，丽江粑粑，弥渡卷蹄，大理酸辣鱼，剑川八大碗，腾冲大救驾，哈尼族人民的石头汤，傣族人民的酸笋鱼，壮族人民的岜夯鸡……

云南地广物博，不同地区既有特色食材，又有当地代表风味。

各地各味，特色鲜明。

民族众多，风俗习惯各有差异表现出来的吃喝喜好，也不一而足。所以，在云南，食材繁杂，口味多变。从少数民族人民喜爱的奇特口味中，我们会发现，其中有些竟然和世界上的某个地方的味道不谋而合。

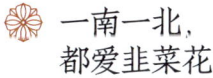 一南一北，
都爱韭菜花

云南人超级喜欢韭菜。

新鲜韭菜切段，直接丢入蘸水中。吃各种米线时，韭菜是必备小料之一。而腌好的韭菜花，其独特的风味更让人欲罢不能。这让人很自然地联想到从内蒙古到京津冀的大片区域，吃涮羊肉时，一定少不了韭菜花。

曲靖，盛产韭菜花。将半籽半花的韭菜花剁细，加入盐和白酒，搅拌均匀，放入罐内，用半年的时间使韭菜花的肉变甜，然后再拌上辣椒、红糖腌制，呈现为粉红色的时候即可食用，脆嫩鲜美，咸甜开胃。

❀ 豆腐和臭豆腐

说到云南的食材，建水豆腐必不可少。此外，著名的还有呈贡的豆腐。有意思的是，云南大部分出名的豆腐，都不是新鲜的豆腐，而是有些发酵的臭豆腐。

建水臭豆腐，名声在外。说是"臭豆腐"，其实，云南版的比起湖南版的、安徽版的等，臭味要温和许多。建水臭豆腐闻起来有隐隐的臭味，吃起来越嚼越香。

云南臭豆腐分为两种，一种是大块的，一种是小块的。除了大小的区别，烹调工艺也不尽相同。小块的，可以烧烤或油炸，下酒最妙。大块的，可以做成臭豆腐小锅米线。

不过随着时间的推移，云南臭豆腐的做法也日趋多元化，各种蒸、烤、炖、煮的做法，都开始往臭豆腐身上招呼。

鄢赪说

建水古城有很多口水井，水的味道不同，作用不一。比如西门外的小节井的井水水质清冽；城东南纸房巷有玉洁井，出来的水味甘涩结，用来造纸却刚刚好；还有珍珠井、哑巴井、月牙井等等。其中较有名的是东门井、西门井。以前周围的百姓用水都依靠井水，后来因井的出水量有限，其水只能用于泡茶，其他日常生活用水都用自来水了。过去用井水泡茶，是很普通的事，可现在，也变成了奢侈的享受。

位置最好的要数西门井，它附近有很多的豆腐房。因为这些豆腐房用的是西门井水，所以做出来的豆腐味道特别鲜美。一块块豆腐一炸，色泽金黄，入口清香。每天清早，买水的马车和三轮车就排在水站外等候。

鸡肉烂饭

临沧，是一个多民族杂居的地方。除了汉族之外，这里还有20多个少数民族。在临沧地区，佤族、拉祜族等好几个民族的人民都喜欢的一道菜，就是鸡肉烂饭。它看似一碗饭，却又是一道菜。其貌不扬，却极为美味。

先煮鸡肉，鸡肉煮熟后捞出，再将米下入鸡汤中。之后下酸笋，煮至稠度介于米饭与粥之间的程度为止，最后再将煮熟的鸡肉撕成肉丝放入锅内，与薄荷叶、辣椒、花椒等搅拌均匀食用。美味的鸡汤，撕碎的鸡肉让人喜爱。鸡汤的鲜味渗入米饭，汤鲜饭美。

韩国的人参鸡，是把糯米、红枣、人参等放进整只鸡的肚子里煮熟，最后分而食之。碗内有鸡肉有米粒，既像粥，又像饭。人参鸡的鸡汤浓香，但不油不腻。它和云南的鸡肉烂饭，颇有异曲同工之妙。

鄢赪说

鸡肉烂饭，类似稀饭，又比稀饭略稠。名字叫饭，其实是一碗稠粥，味道很好。鸡肉烂饭虽然和韩国的人参鸡有些相似，但用的调味料不同，鸡肉烂饭中薄荷、芫荽、香葱、大蒜、韭菜根、香椿等各种香料都有。鸡肉烂饭里面有鸡肉、米饭、鸡蛋、鸡杂，不一而足，最后还要浇上一大勺鸡汤。鸡汤香混合着各种辅料的香四散开来，令人垂涎。佤族人民做鸡肉烂饭使用普通土产鸡，但忌用白羽毛鸡，因为觉得用白羽毛鸡对客人不尊重。

时间魔法

与"时间魔法"相关的食物,大都起源于古人对原材料长期储存的实践。

越是经济不发达、交通闭塞的地区,食材得来越不易。当较多的食物需要储存时,就会用到腌渍、风干、熏制、发酵等各种方式。

❀ 云南火腿

云南火腿多种多样,名气较大的有宣威火腿、无量山火腿、诺邓火腿和丽江三川火腿。

大凡能出火腿的地方,一般都占据某些"得天独厚"的优势。另外一种表述就是当地人因地制宜,找到了适合储存火腿的方法。

滇东北的宣威,海拔在 2000 米以上,冬季气候寒冷干燥,适宜制作腌制、发酵、风干等类型的肉类食材。

云南火腿多种多样,名气较大的有宣威火腿、无量山火腿、诺邓火腿和丽江三川火腿。

大凡能出火腿的地方,一般都占据某些"得天独厚"的优势。另外一种表述就是当地人因地制宜,找到了适合储存火腿的方法。

滇东北的宣威,海拔在 2000 米以上,冬季气候寒冷干燥,适宜制作腌制、发酵、风干等类型的肉类食材。

大理云龙县的诺邓古村，群山环绕，是著名的井盐之乡。用流传千年的盐井里的盐泥制作的盐泥火腿，产量稀少而风味独特。

宣威火腿和金华火腿，一南一北，横扫整个中国。宣威火腿是名副其实的云南美食名片。

客观而言，云南火腿是一个大的概念，宣威火腿因为名气大、制作规模大，才成为云南火腿的代表。其实，云南很多地方的气候条件，都适宜制作火腿。美味的云南火腿，可供选择的种类非常多。

鄢赪说

火腿并非越陈越香，腌制两年半左右的较好。

时间太久，一是容易生虫，二是口感太硬。

什么样的火腿好吃？朋友家自己做的好吃，农户家里自己腌的好吃。所以，会吃的人往往会玩，开着车去收火腿。一条好火腿，可遇不可求。

判断云腿的品质好坏，有一定的标准

以宣威火腿的标准而言，品质好的要形似琵琶，骨小，皮薄，肉厚，肥瘦适中。皮面呈棕色或淡黄色，剖开后香味扑鼻，瘦肉鲜红，骨呈深红色，肥肉呈半透明的乳白色，整体油润而有光泽。味鲜无渣，咸淡适中，食后回味悠长。

云腿讲究"四秘"之法

"割秘"，指割腿时讲究刀功，把猪后腿割成"琵琶形"，杂质须剔除干净。

"腌秘"，指讲究趁鲜腌制，即所谓腌"血腿"。即使仅隔一夜，也会失其美味。用滇南磨黑盐与四川盐腌制的火腿特点各有不同，前者色艳，后者味香。盐分合适，云腿可藏两三年，其味由香转甜，极为美妙。

"藏秘"是指讲究保藏之法。

"食秘"是指讲究各种吃法，用于提味效果极佳。

昔日庖丁解牛，如今，鄢赪解火腿。

云腿每条近20斤（10千克），需分解之后，才可以食用。云腿从蹄至腿，当地人一般依次称为尖子、左筒、中筒、金钱腿。

其中，金钱腿是整条火腿的精华所在。

鄢赪在水案工作了9年，熟悉各种肉类的分解手法。

一条云腿在手，去皮去骨，只要7分钟。

 火腿制法

做出好火腿，必需的条件有二。一是要有好的环境，二是要有好盐。

每年霜降至大寒期间，是最适宜加工火腿的季节。云南特有的乌蒙猪，从出生到出栏达1年之久，它背膘厚、肉质细，它的后腿是制作火腿的好原料。

乌蒙猪宰割下来的后腿，每条在9千克左右。

乌蒙猪的制作流程要经过选料→整修→第一次抹盐→堆码腌制→第二次抹盐→第三次抹盐→上挂发酵→成品等过程。

加工50千克鲜猪腿，总共需3.5千克的上等灶盐和磨黑盐。

腌腿上挂3个月后，开始发出香味，经过6个月，香味愈加浓厚，切开后，瘦肉呈桃红色，脂肪呈白色，并散发浓郁的肉香。此时，腌腿已发酵成熟，称为新火腿；再经过两三年的发酵，色香味更好，则称为老火腿。

叁。

从蘸水到 dressing（调料）

云南蘸水不胜枚举，看似简单、随意，但是风味十足，已经深入云南的每一餐、每一味中。它是云南餐厅里的标配，也是普通家庭的必需品。

影响中国菜的那些人　鄢赪

22

烟辣子蘸水

椒麻蘸水

苦撒

腌菜膏

叁。从蘸水到 dressing（调料）

蘸水,云南人家的必备品

在国内,最喜欢在主菜旁边配蘸料的有两个地方,一是潮汕,一是云南。

几乎每一盘菜的旁边,都会跟着一小碟蘸料。一席菜上满,大盘配小碟,大大小小,高低错落,显得格外热闹。

在云南,人们管这一小碟蘸料叫"蘸水",非常直接 —— 用来蘸着吃的调料汁水。

云南菜食材丰富,料理过程相比其他菜系要简单。蘸水的出现,最初就是为了给食物增添咸、甜、酸、辣的滋味。无论怎样,搭配蘸水,是给食物增添更多滋味的同时也保留其本味的上佳选项。

一小碟,一小盘,蘸与不蘸,蘸多蘸少,全凭人的意愿。

蘸一点儿,去腥提味,刺激胃口,增强食欲,画龙点睛。

比如蜂蛹竹虫,要搭配椒麻蘸水;铜锅豆腐,要搭配煳辣子蘸水;云南春卷,要搭配酸辣蘸水。

傣族的喃咪,更是人气"暴高",很多菜都可以搭配,酸酸辣辣,是傣味蘸水的代表。

重口味的牛肉、羊肉、驴肉用清汤煮后,白切,搭配腐乳、煳辣子蘸水,既去腥膻,又能保持肉味之鲜。

闻着臭的臭豆腐,烤香之后,蘸着干蘸水吃,外脆内香,回味无穷。

叁。从蘸水到 dressing（调料）

25

云南蘸水,五味调和

云南的蘸水,一般都是用加了盐的干辣椒面、葱花、香菜为底,在不同区域,再佐以当地特色的调料调制而成。

煳辣子蘸水

煳辣子蘸水,又叫"煳辣椒蘸水",在各种云南蘸水中,是当之无愧的No.1(第一名)。传统做法是将干辣椒丢到灶灰里面"焐","焐"香后用手捻碎,放上蒜、葱、姜、芫荽、盐,加一勺清汤或开水,再调入酱油、香醋等,就成了这道满桌"通吃"的小蘸料。

在云南,煳辣子蘸水荤素"通吃",特别适用于搭配白灼的蔬菜,比如白灼萝卜、苦菜、小瓜等等。

芫荽加蒜蓉和辣椒,按照这一配方做出的蘸水,其实完全可以走出云南,达到南北皆喜的效果。嗜好辛辣的人吃什么都可以蘸一蘸它。

> **鄢赪说**
>
> 干辣椒烧煳后,会迸发出奇妙的香气。一定要用手捻碎它,用刀切、用刀拍,其香气都会大打折扣。它可以用来搭配各种肉类,搭配牛羊肉的居多。极素的青菜也可以用它搭配。

叁。从蘸水到 dressing（调料）

❀ 干蘸水

将盐、花椒面、煳辣椒面等各种干料直接搅拌在一起,无需加汤或水进行调和。

鄢赪说

干蘸水,形式类似椒盐料碟。因为香辣的味道来得非常直接,所以主要用来搭配烧烤类的食物,比如各种烤肉串、烤蔬菜,会香上加香。

❀ 腐乳蘸水

腐乳蘸水,在云南系列蘸水中,人气仅次于煳辣子蘸水。

以天台腐乳或路南腐乳为主料,再加入芝麻酱、芝麻油、花生酱、芫荽、葱花制成。在云南,吃烧烤和火锅时都喜欢用它。

— **鄢赖说** —

腐乳蘸水适用性比较强,清汤的肉类都很适合用它搭配。云南的火锅也经常搭配这种蘸水。

除上面的做法外,将辣椒面、葱花、芫荽碎、芝麻、云南腐乳等材料,用汤或者汁水调匀,蘸清炖山羊肉是一绝。将其抹在白馒头上,鲜辣惹味,有点石成金之妙。

影响中国菜的那些人 鄢赪

❀ 蒜泥蘸水

在云南，蒜泥蘸水是不能吃太辣的人的最爱。主料为蒜蓉、红油、芝麻油、盐、芫荽。怕辣的人在吃火锅或者凉菜的时候，都会选择搭配蒜泥蘸水。蒜泥的味道，经过芝麻油的衬托更加浓郁。蒜泥蘸水异常开胃，而且"百搭"。

鄢赖说

听起来它有点儿类似川菜火锅的蒜泥麻油小料碟，事实上，它也的确常用在吃滇式火锅的场合。

首先，有必要说说滇式火锅、四川火锅的区别。滇式火锅，更像一道菜。各种材料放在火锅里，荤素材料种类一般不少于6种。用粉丝、白菜垫底，肉类放在上面。传统做法用的器皿，是中间可以放炭的大砂锅——"炊锅"。热热闹闹一大锅，煮熟后上桌，蘸蘸水食用。而四川火锅，汤底煮开，各种材料现涮现吃，是大多数人理解的火锅形式。

云南火锅所用到的砂锅，一般有两种。一是大理的黑色砂锅，二是维西的砂锅，皆名声在外。

叁。从蘸水到 dressing（调料）

❀ 酸辣蘸水

　　酸辣蘸水，甜辣带酸，异常开胃，很多云南人都钟情于它。小米辣的刺激味道，不管是在炎热的夏天，还是在寒冷的冬天，都能在你的味蕾倦怠时，给你一记"当头棒喝"。

鄢赪说

　　常用调料：柠檬、小米辣、醋、白糖、生抽、芝麻油、芫荽、葱花等。其中，醋和白糖的比例非常重要。适量的调料调出适度的酸甜和辣，可以撬动整个"味蕾工厂"。

　　云南经典的凉米线，就是酸辣味型，所用配料也大同小异。

　　酸辣蘸水，普遍用于搭配油炸香脆的食物，如炸春卷。云南人吃饺子、锅贴、馄饨也爱搭配一碟酸辣蘸水，有些地方还会在酸辣蘸水中加些韭菜。

椒麻蘸水

椒麻蘸水中，花椒面的用量较大。滇、贵、川在味道上的纠缠比我们想象中的更厉害。椒麻蘸水在加入芝麻、花生末的基础上又加了花椒面和红油等，贯穿了滇、川两地的鲜麻香辣，味道非常重。鱼切片后白灼，蘸椒麻蘸水别具风情。

— 鄢赖说 —

常用调料：花椒面、红油、油辣椒、花生末、芝麻、葱花、芫荽。

花椒面的用量，多少并不是太固定，更多是看个人喜好。

影响中国菜的那些人 鄢赪

34

❁ 傣味喃咪蘸水

酸辣是傣菜最典型的特点。而这种酸辣，有其规律可循。喃咪蘸水是傣菜蘸水中最具代表性的一种，或者说，它的味道本身就已经成为一种味型。其中，酸味大多来自青柠檬、木本番茄等；香气，大多来自大芫荽等；辣味，大多来自生姜粉、小米辣等。

一道喃咪蘸水，可以千变万化，用它拌各种凉菜，都能手到擒来。

鄢赪说

常用材料：番茄（或树番茄）、新鲜小米辣、蒜、青辣椒、香菜。

传统喃咪蘸水的做法，是把番茄、新鲜小米辣、蒜、青辣椒在火上略烤，待香气飘散出来之后，捣碎，和大芫荽香料混合，调味即可。然后，把喜欢的菜用开水焯熟，就可以蘸着喃咪蘸水大快朵颐了。

我把傣族的喃咪蘸水，做成了分子胶囊。一粒一粒，卖相讨喜。

西双版纳的喃咪蘸水分子胶囊，洱海虾做成的虾慕斯，是百分之百的云南民族元素，却又是百分之百的西餐形式，让深藏于云南深处的味道，用国际化的面孔，走向了世界！

❀ 辣米番茄蘸水

它的味道都在字面上，一目了然。番茄的酸甜味，加入辣椒的辣味，非常开胃。

鄢赪说

这也是傣族人民的一种蘸水。番茄用炭火烤后，去皮剁成泥，放入用火烤过的小米辣和芫荽、蒜泥，配黄瓜吃或者下饭都很好。

腌菜膏（腌菜蘸水）

腌菜膏，制作过程极琐碎，先将腌大苦菜晾成干腌菜，再将腌菜水涂抹在干腌菜上，涂抹的步骤要重复四到五遍。当腌菜变成透亮的黑色黏稠状时，将其切碎，加入白糖、芫荽和贵州、云南地区的灯笼辣椒等制成腌菜膏。

> **鄢赪说**
>
> 腌菜膏，腾冲地区蘸料的代表，使用很广泛，家喻户晓。彝族人民最喜爱用它，不论吃什么，都会加一些腌菜膏。
>
> 腌菜膏通常用来搭配烤五花肉、炸猪皮、烤牛舌。它在腾冲的市场上随处可见，用矿泉水瓶装着售卖，且民间百姓自制的居多。

独创酱汁，
本土食材，时尚呈现

鄢赪手中的云南味道，最大特色就是带有多面性。这种味道带着他独特经历的烙印，和多重跨界的气息。中餐西做，将云南菜国际化，将本地原生态的食材，用带有时尚、科技感的料理方式及形式呈现出来。

鄢赪是地道的云南人。他解释说，最简单也最原始的调味品就是盐。盐为百味之首，云南盛产井盐，用生铁锅土法熬盐，最大程度地保留了其中丰富的矿物质等成分。云南地形复杂，山高岭长，过去与外面的信息沟通、物质交流多靠马帮。马帮出远门时，盐是必备品。野炊时，敲下一小坨盐巴，放在火塘里烧得通红，往蘸水碗或煮山茅野菜的汤锅里一扔，"哧啦"一声，盐巴的香味就从蘸水碗或汤锅里飘出。山茅野菜蘸蘸水下饭，非常开胃。再后来，马帮的蘸水由简到繁，逐渐流传到民间，品类也越来越丰富，也成就了云南今日家喻户晓的蘸水。

云南菜，"蘸水"丰富。西餐，也非常讲究主菜、沙拉的dressing（调料），与鄢赪中餐西做的理念不谋而合，云南菜在他手里也得以最大限度地国际化呈现。所以，在他的料理中，各种别具创意甚至稀奇古怪的酱汁应运而生。

叁。从蘸水到 dressing（调料）

酱汁：龙虾慕斯烧椒汁
搭配的主料：龙虾慕斯

创新的酱汁，国际化呈现。

用烧浇汁龙虾慕斯搭配蓝莓鹅肝。

烧椒是西南地区常见的辣椒做法。

在云南的市场里，经常可以看到做擂辣椒、擂茄子的小摊。把辣椒、茄子放在炭火上炙烤，之后用手撕成条，放进钵内擂碎，再放入其他调料和配料，酸辣鲜香，可以做成非常好的开胃凉菜。

将辣椒炙烤，可以激发出特别的焦香气息，再和众多的当地的调料、配料混合在一起，酸、甜、辣，还有复合型的果香。

做好的蓝莓鹅肝和烧浇汁龙虾慕斯，搭配在一起成菜。

酱汁：玫瑰糖醋汁

搭配的主料：牦牛干巴

云南各种"鲜花"类菜肴，大都采用食用玫瑰做食材。

云南的糖醋汁，一般是用老陈醋和白糖，加适量生抽调和而成的。

新鲜的玫瑰花，下酒、盐、发酵，然后加入红糖糟制，散发出浓郁的玫瑰之香。

糖醋汁、玫瑰花与主料牦牛干巴，三者都极具云南特色，碰撞到一起，美味至极。在口中咀嚼，牦牛干巴韧而弹，牛肉香搭配花香，阳刚之余，不乏清新之美。

叁。从蘸水到 dressing（调料）

酱汁：雕梅番茄汁
搭配的主料：鲫鱼、豆腐

....

　　大理盛产雕梅。干雕梅、鲜番茄、葱、姜用山泉水熬制，放土陶罐内存3天，自然发酵。发酵出天然的复杂酸香，再加上葱、姜、小米辣、干辣椒面等调和出具有云南民族特色的酸辣味。鲫鱼虽然刺多，但肉却鲜美，与雕梅番茄汁同煮，滋味丰厚，下酒一流。

酱汁：糟泡酸辣汁

搭配的主料：青头菌

....

糟与醉，是淮扬菜常用的料理手法。江南的精致和韵味，往往用一壶酒、一碟菜即可呈现几分。以酒入馔，还未品尝，已觉食事之雅。江浙的家常凉菜，都与酒有关，也各有各的真趣、真味。在心浮气躁的夏末秋初之日，亦浓亦淡、亦鲜亦香的糟卤，就是让人一解心头烦扰的雨后凉风。

以淮扬菜系的香糟为基础，再加上小米辣、鲜柠檬汁、葱、姜、大芫荽等制成的糟泡酸辣汁，在江南韵味的糟香之中，还包含了云南的酸辣味，后味还有浓郁的青柠香气。这道味汁给云南的菌菇创造了全新的制作方法和口味。

肆。

靠山吃山

云南的许多时令菜蔬都长在山野内，在其他地区难得一见。它们个性十足，味道强劲，是蔬菜里的『外星人』。来自云南的时令蔬菜，料理的方法大都比较简单。

天厚云南。

丰富的植物资源为滇菜提供了广泛的原料。

在这里，做菜的材料非常广泛，品种繁多的菌类和花草等顺手拈来的东西大都可以入菜。山茅野菜，最初是平民百姓餐桌上的心头爱，如今也"登堂入室"。

自然味，自然趣，出奇制胜，不同凡响。

云南特有的山珍——菌、花、蔬、果，四季不同。

鄢赪不喜吃肉，这些素菜既是他爱吃的，也是他爱用的食材。

在逛花市、菜市场和进山的过程中，把有趣的食材娓娓道来，如何选，如何做，如何吃。

研究不倦，其乐无穷。

进山

"靠山吃山",是很多人到了云南后总结出的一句名言。

高山峡谷,江河纵横。复杂的地形,立体的气候条件,独特的生态环境,共同造就出这片复杂而丰饶的生态土壤。特殊的环境,生长出多样的食材,声名远扬的各种菌菇就是其中之一。

菌菇菜肴历来是滇菜中的瑰宝。在普遍追求健康饮食的今天,生于山林,长于山林,多与树木共生,喜爱躲在树根之侧和枯叶之下,偏爱干净的泥土、空气和水源的各色菌菇成为大家喜爱的食材。也正因为有些菌菇完全是天然长成的,所以更令人们疯狂。一年内的其他季节,人们吃到的都是"急冻冰鲜"的菌菇,只有每年6月~9月的这段时间,人们才能看到它们刚刚采摘的、新鲜的、本来的样子。

夏季,雨水繁盛。

每逢七八月,菌菇就成了这片神奇高原给人类最宝贵的馈赠。汪曾祺曾说,鸡㙡可制成油鸡㙡,干巴菌可晾成干,然而风味减矣。还说,昆明诸菌宜鲜吃。不时不食,用来诠释菌菇尤其显得精妙。

靠山吃山，哪里有菌菇，哪里就有拾菌菇的人。大部分专业的农户，深谙菌菇的习性以及生长的奥秘。拾菌菇，绝不会斩草除根，都是轻轻采摘，不会挖断其根，所以，第二年，在这些有菌窝的地方，又会长出新的菌菇。

云南每个区域，出产的菌菇品类，或者同一品类的菌菇在不同区域，都各有不同。

宜良的小哨出产干巴菌，楚雄的马龙也出产干巴菌，但二者因水土有别，口味上会有些许偏差。

篆新，是昆明最大的菜市场。

在这里，经常可以看到鄢赪的身影。

和小商小贩聊一聊，挑挑时令的食材，找找新菜的灵感。

肆。

靠山吃山

干巴菌

干巴菌,黑白相间,皱皱巴巴,"名如其形",但这并非干巴菌得名的真正原因。其貌不扬的干巴菌,是食用菌中的上品,味道极其鲜美,有一种酷似腌牛肉干的浓郁香味。腌牛肉干在云南被称为干巴,干巴菌因此得名。

其貌不扬的干巴菌,是地道的云南特产,其他省份出产较少。它又名绣球菌和马牙菌。它既带有些许松树的芬芳,又有肉类的厚实口感。而因为它褶皱多,容易夹杂杂草和泥沙,所以清洗起来非常麻烦。料理之前,只能以手工一点一点地把杂物挑出来。本就数量稀少,加工又需要高昂的人工成本,共同造就了干巴菌的"矜贵"。

每年七八月雨季,滇中及滇西海拔600米～2500米之间的松树林里,干巴菌开始冒出地面。干巴菌喜爱与松树为伍,它们生长在云南松、马尾松的根部,外形古怪,刚出土时呈黄褐色,熟时变成黑褐色。有人说它像干了的马粪,呈现难以描述的暗沉绿色。从外形看,又像一朵大大的绣球。

鄢赪说

  云南人钟爱干巴菌。要知道，即使在云南，干巴菌也要卖到二千元左右一千克，但是一年一次，再贵，云南人都要吃的。干巴菌香气特别，可能省外人未见得能够接受，不过他们一旦爱上，就很难割舍。

  干巴菌生长在松树之下，生长过程中，会把松针上的泥土等杂物包裹在菌皱内，捡、洗过程非常复杂、精细，这也是餐厅里这道菜昂贵的一个原因。

  通常，新鲜的干巴菌可以使用新鲜材料直接炒着吃，也可以用来做炒饭，做出的炒饭的美味级别，完全不亚于黑松露炒饭。另外，干巴菌同韭菜花一起腌制，可以做成一种别致的咸菜，只是这种做法略显"违和"。和鸡坳菌做法类似，做成油干巴菌、拌面拌饭，也是一绝。

  干巴菌，以产自楚雄马龙者为最佳。其他片区的就没有那么好了，大都呈片状，缺乏诱人的香气，口感不佳。之所以要把干巴菌制作成"分子料理"食物，就是因为干巴菌粉碎之后，提取出含香味的物质，就不会再有泥沙了。新鲜的干巴菌，无论怎样洗，往往还是有漏网的小沙粒。

  时令：6月~9月

  做法：腌、炒、拌、炸均可。洗净撕条，与皱皮椒或者鸡丝同炒，鲜香无比，其味妙不可言。

肆。 靠山吃山

三

牛肝菌

云南省牛肝菌资源丰富，有不少优良的可食品种，主要有白、黄、黑、红牛肝菌。

白牛肝菌，又称美味牛肝菌，生长于海拔900米~2200米之间的松栎混交林中，或砍伐不久的林缘地带，生长期为每年5月底到10月中旬，雨后天晴时生长较多，易于采收。

白牛肝菌味道鲜美，营养丰富。云南省各族群众喜爱采集鲜菌烹调食用。西欧各国也有广泛食用白牛肝菌的习惯，除新鲜的做菜外，大部分切片烘干，加工成各种小包装，用来配制汤料，也有制成腌制品食用的。

红牛肝菌又名见手青（用手摸菌皱后手会变青），在中国有极高声誉，被称为山珍宝美味，肉肥厚，营养丰富，食味很好，是群众较为喜食的著名食用菌。

鄢赖说

云南菌菇中知名度最高的可能就数牛肝菌了。新鲜的牛肝菌口感脆爽，脆中有弹；干牛肝菌味道香浓，咬一口下去带有明显的肉的质感，令人格外满足。

皱皮椒同样是云南的特色蔬菜，皮薄，个小，脆甜而微辣，色泽青翠。用皱皮椒搭牛肝菌，如同"文武会"，属于经典搭配。

除了清炒，牛肝菌还可以焖肉、煮汤。偏西式的做法中，做烩饭，做比萨，都很常见，也很出彩。

干的牛肝菌，需要先用水浸泡，直到发开。泡过菌菇的水是带香味的精华，千万不要倒掉，用来焖煮肉类、蔬菜，都如同施了魔法，会将菌香传递给这些食材。用泡牛肝菌的水勾薄芡，会使一道寻常的菜出现"神奇的飞跃"，这也是大厨的小秘密。

很多人问："为什么自己在家炒的牛肝菌就是没有餐厅里炒得那么好吃？"牛肝菌料理时还是有许多秘诀的。如果是新鲜的，不要提前很长时间去洗，更不要久泡，否则会流失许多鲜味物质。将根部泥土、虫眼削掉，用流水把表面浮土略洗，不能洗得太狠。洗净立刻下锅，味道才会最佳。

肆。靠山吃山

羊肚菌

以形为名的另外一种名菌，别名摩利菌。身材瘦长，菌盖小，貌似羊肚，顶部浑圆，表面有小坑。因为美味，有奇香，所以它曾作为贡品上贡。

一般生长在海拔 2000 ~ 3000 米的林地里。

春末直至秋初，是每年的"羊肚菌季"，它的生长期非常短暂。新鲜的羊肚菌是很珍贵的食材，即使在原产地也同样价格不菲。因此，常用的以干货居多。

鄢赪说

羊肚菌无论是当主角，还是当配角，都可以绽放出特有的光芒。

一般很少使用新鲜的羊肚菌做菜，而且，有的人觉得新鲜的没有晒干的好吃。

干菌烹调前，须以温水浸泡，才能烹调出菌香。

羊肚菌适用于和动物性原料一起烹饪。它最适合拿来炖汤，这样容易烹出里面的香味物质。简单地与老鸡一起炖煮，就已经非常鲜了。不宜炒，炒出来的口感如木耳，不能尽情释放其光彩，那是极大的浪费！羊肚菌不但味美，而且有很高的营养价值和药用价值。羊肚菌中空，也可以将食材酿进去。

目前羊肚菌已经可以人工栽培，从长相到口感都和天然的差别不大，只是其香气不如天然的重。

鸡㙡菌

鸡㙡菌声名远扬，原因有三。一是自身非常美味，伞盖如鸡羽毛，但味道之香远胜鸡肉。二是用法奇特，做成油鸡㙡，装在各种容器中，一小勺，就能将整碗粉、整道菜"点石成金"。三是出身奇特。

据《黔书》记载：鸡㙡，秋七月生浅草中，初奋地则如笋，渐如盖，移晷纷披如鸡羽，故名鸡，以其从土出，故名㙡。鸡㙡菌多产于滇南，在《本草纲目》《玉篇》《正字通》等书中均有对它的记载。

鸡㙡菌常见于针阔叶混合林中的地上，基柄与白蚁巢相连，散生或群生。鸡㙡菌与白蚁共生，也算是自然界共生的奇妙案例。白蚁构筑蚁巢的同时，也培养了鸡㙡菌，两者形成一个系统。

鸡㙡菌肉厚而肥硕，质细丝白，鲜甜香脆，营养丰富。

鸡㙡菌一般为丛生，数朵相连，谓之窝鸡㙡，偶尔散生者为散鸡㙡。有的是数十朵乃至数百朵相连，它们名为火把鸡㙡或斗篷鸡㙡。最好的是蒜头鸡㙡，次为开鸡㙡。

鸡㙡菌有一定的生长规律，如果它这一年在这地方长，不扰动它，下一年还会在原地生长，成为"鸡㙡窝"。鸡㙡菌出头的"窝"下，必有类似白蚁巢结构的土块。若土动虫迁，下一年此处就不会有鸡㙡菌了。

采鸡㙡菌非常考究，可供采摘的时间短暂。以顶上伞盖未张时最为鲜嫩肥美，若候其出土，伞盖一张，马上"纷披"，肉就老了。采的鸡㙡菌，在根部涂点儿湿泥，可"养"它一二日，日子过了则菌干如柴。

目前的鸡枞菌,有许多不同的种类。菌盖呈白色的叫白皮鸡枞菌,黄色的叫黄皮鸡枞菌或反毛鸡枞菌,黑色的叫青鸡枞菌,灰色的叫黄草鸡枞菌,菌盖开裂、露出白色菌肉的叫花皮鸡枞菌。

> **鄢赪说**
>
> 鸡枞菌有很多种吃法,可以单独做菜,也可以搭配其他食材出场。无论盐烧、炒、炸、腌、煎、拌、烩、烤、焖、清蒸或做汤,味道都鲜甜脆嫩,所以被誉为"菌中之冠"。正宗的凉米线,上面都会有几条油鸡枞。用油鸡枞给米线提香,有画龙点睛的效果。
>
> 鸡枞味甜。不同地区,鸡枞菌的含糖量不同。
>
> 楚雄地区是红土区,出产的鸡枞菌菌杆很粗,含糖量高,适合红烧、生炒。
>
> 丽江永胜石林是黑土区,出产的鸡枞菌菌杆细长,菌帽比较大,适合烧汤和油炸。

黑虎掌菌

　　黑虎掌菌，又名虎掌刺银耳，是一种不可小觑的菌菇。黑虎掌菌的分布范围很小，国内仅在西南部分地区出产，价格不菲，身价名贵。

　　黑虎掌外形粗大厚重，但肉质非常细腻。它以吸收枯木等材料的养分为生，通常容易在比较阴湿的针叶林里找到。市面上常见的黑虎掌菌，外形黝黑，但是略带甘苦。还有一种蓝色的虎掌菌，非常罕见。黑虎掌菌通常用来清炒、炖汤或者做配菜，每年的7月~9月最当季。

　　黑虎掌菌在历史上很早就被视为名贵山珍，为历朝历代宫廷喜爱的贡品之一。欧美等地区没有食用黑虎掌菌的习惯，中国西南地区、日本以及东南亚一带是黑虎掌菌的主要消费区域。

　　黑虎掌菌不仅味美，也是食疗上品，其功效堪比十全大补丸。简而言之，它富有各种营养，是理想的保健食品之一。

鄢赪说

干的黑虎掌菌常用来炖汤,香气浓郁。它也可以和肉类搭配,比如制作名菜"银芽肉丝炒虎掌菌",还可以清炒、做焖菜等等。粤菜里还用它来炖海螺,隔水炖汤,非常滋补。

需要提上一提的其他菌类

桂花菌

不是主流菌菇，但性价比超高，很多外地人完全不知道还有这样一款妙物。

去云南寻味，在当地老饕的推荐下，我们发现了这款桂花菌。同样用它来炒皱皮椒，感觉竟然比黑虎掌菌更胜一筹。

鸡油菌

鸡油菌，别名鸡油蘑、鸡蛋黄菌、杏菌等等。带有非常鲜明的杏仁香，口感细滑，制熟之后，挤压时能流淌出金黄如油脂般的汁水。

生于针叶林或阔叶林中，与山毛榉、云杉、冷杉等树木共生。形状既像菌菇，又有几分像花。每年7月~9月是最当季的时候，它一簇簇生长，呈现耀眼而明亮的金黄色，非常漂亮。

鄢赪说

鸡油菌和牛肝菌类似，也是一种被很多地区的人都认可的菌菇。因为它通常生长在秋天的北温带森林内，除了在中国云南省，东欧国家及德国等都有出产。鸡油菌在德国非常有名，它和著名的德国香肠一样受人喜爱，但价格要贵很多。鸡油菌的特别之处在于它有种典型的杏香味，这种味道是其他任何种类的菌菇所没有的。

鸡油菌有很多种吃法，最为特别的可能要算西餐中的奶油香草鸡油菌。云南常见的吃法，还是将其和多种菌类一起丢进鸡汤中，做成菌汤火锅。另外，用鸡油菌炒火腿，也是一道名菜。

伍。
拈花微笑

昆明，中国名副其实的『花都』。天空是云的海洋，地下是花的海洋。

昆明幸福如斯。守着全国最重要、最大的鲜花集散地，随时转一圈，就能买到最新鲜、最便宜的鲜花。

鲜花丛中的慢时光

天气常如三四月，花枝不断四时春。

昆明东西北三面群山环抱，南有五百里滇池。冬无严寒，夏无酷暑，四季如春，有最适合生活的好气候。

在遥远的高原上，山高皇帝远。一直以来，在这个高原城市，很少有人乐意跑到外面闯世界。慢悠悠的时光，加上门口已有万般景色，所以百姓最感兴趣的就是过好自己的小日子，满足口腹之欲。

"人生有三大事：烤太阳，吃茶，冲壳子。""冲壳子"，就是聊天。昆明的生活节奏缓慢，有大把的时间来精雕细琢。慢吞吞，草堂春睡足，窗外日迟迟。

昆明有个方言词汇——"悠悠呢",就是慢慢来的意思,一语道破天机。

昆明人,真的很幸福。

除了有舒适的气候,这里还有看不尽的名山大川。独特的气候条件,让这里四季鲜花不断。

伍。拈花微笑

去斗南，
投入鲜花的海洋

呈贡的斗南鲜花市场，已经成为昆明人周末的休闲之地，可能也是外地人离开云南的最后一站。

斗南，濒临滇池东岸，享有"金斗南"之称，是国内著名的花都。到这里逛，要准备一天的时间。从昆明市中心出发，往南 30 千米，就到了斗南。

白天的斗南市场，看不出任何端倪。从枝花、盆花，到大型花木、工艺品，按照商品种类分成多个区域，普通人买一买，逛一逛。

这里看似和普通城市的花卉市场无异，但是到了深夜，斗南市场却是灯火通明。交易大厅里，各种鲜花都以拍卖的形式进行大宗批发。作为"中国乃至亚洲最大的鲜切花交易市场"，每天斗南市场都有大量的鲜花发往全国各地以及东南亚。吞吐量之大，覆盖地域之广，让它享有全国鲜切花价格的指导权。斗南已成为中国花卉市场的"风向标"，这里的价格也成为花卉价格的"晴雨表"。

这里已经连续十几年在有关花卉的交易量、交易额、人流量和出口额方面居全国第一。每天上万人次入场交易，日现金流量超过千万元。

鄢赪说

昆明的气候条件，给花卉生长提供了优秀的先天环境。鲜花产业的发展，离不开云南人对鲜花的热爱。

作为地道的云南人，我感觉现在爱花的人越来越多，种花的人也越来越多。鲜花无处不在，在市场里，人们买菜也会顺带买花。鲜花多，而且便宜，它们成了百姓家居的重要装饰元素。

爱鲜花的时尚达人

鄢赫是国内 chef（主厨）圈中的时尚达人。既然时尚，就少不了一颗爱美之心，除了逛菜市场找寻灵感，他还喜欢逛花市。

四季鲜花环绕，是云南人特有的一种幸福。有鲜花情结的人，爱花之举不拘一格。有人养花，有人插花，有人专门吃花，而鄢赫，三者兼有。

昆明的花市卖花，菜市场也卖花。

但此花非彼花。

装饰用花和食用花一般属于不同的大类。食用的鲜花，有石榴花、苦刺花、棠棣花、金雀花、玫瑰花……云南的食用鲜花，让人眼花缭乱。除了常见的这些，还有很多生僻的品种，花样繁多，很多专业人士见到都可能叫不出名字。

一般对待这些不知道名字的当地的鲜花，我们要知其名，多问问卖花小贩最方便。入菜的花，有些可以直接下锅，有些需要用水泡过后才能烹饪。昆明的菜市场里，卖"花"的小贩，大多把它们已经直接处理好——该择的、该浸泡的基本都会处理好。把"花菜"买回家，或拌或炒或煮汤，都味美无穷。

爱花,就吃掉它

鲜花入菜。

草木之精华者曰英,"英"者,花也。

杨花落尽子规啼,夕餐秋菊之落英。清代的一些书籍,关于各种花馔的详细叙述,记录了古人留下的丰富的食花经验。鲜花饼、鲜花粥、鲜花饮,组成一餐特别的"鲜花大餐",让人从内到外清新芬芳。

❁ 金雀花

金雀花在云南的市场中非常容易见到。它绿根黄头,非常"小清新"。

金雀花的花冠黄色带红,从侧面看,花形犹如一只金雀在啄食枝上的小虫,十分有趣。金雀花植株的翠绿的叶子小巧可爱,在叶子的衬托下,花朵显得更加娇艳。

无论是把金雀花搭配经典的蘸水凉着吃,还是裹上蛋液煎熟,都是可以的。吃到嘴里的,都是浓浓的春天的味道。

春天是食用金雀花最好的时节,但时间短暂。不及时享受,美味会稍纵即逝。

> **鄢赪说**
>
> 金雀花很常见,路边、山坡、林边都有。花大都有苦涩之味,制作之前一般需用开水汆烫,去除苦涩味。捞出后再用凉水浸泡,沥干后可蒸可炒。金雀花清炒或者与鸡蛋搭配都很美味,一般不和肉类搭配。

✿ 茉莉花

这里要说的正是"香从清梦回时觉,花向美人头上开""一卉能熏一室香"的茉莉花。

茉莉花外表温良,而且无论是辨识度还是知名度都相当高。不光滇贵川人喜爱它,其他地区的人民也对茉莉花爱得深沉。它有大范围、无差别的"香味攻击",可以与茶叶一起浸润身心。不过,别以为茉莉花之梦只在阳台的花盆里,或者茶叶罐中。在云南,茉莉花就是常见的盘中餐。当然了,如此可爱的花花,不吃掉怎么行!

> **鄢赪说**
>
> 在云南的菜市场上,茉莉花很常见。小竹筐里,白色的花苞散发出阵阵幽香。要挑选那种"要开还未开"的花苞,它处在茉莉花最青春的"美味年华"。
>
> 用盐水漂一漂,凉拌,清炒,满口清香。做各类羹汤也是不错的选择。

棠梨花

也叫棠棣花。云南常见的鲜花菜。

它鲜美爽口,营养丰富,是云南人民的心头好。

将它用沸水一焯,去掉苦涩味,无论是与鸡肉同炒还是清拌都滋味十足。

❀ 芭蕉花

芭蕉花如同一个紫色的小炮弹，也像一个硕大的毛笔笔尖。

芭蕉花的种类很多，几乎都可以食用，深受傣族人民的喜爱。看似平凡的芭蕉花，有一股特有的清香和鲜甜味道，其适用的烹饪方法更是五花八门，包烧、煮、蒸、炒，样样都可以。

鄢赪说

挑选芭蕉花的时候，太大太老的不要选，不好吃。颜色浅的花瓣比较嫩。

制作的时候，去掉外层硬的花瓣，取出里面的嫩花瓣切丝、焯水，之后用盐拌匀，挤出水，过水冲净，再挤干，就可以烹饪了。鲜花大部分不宜和鱼肉、羊肉等搭配。

❀ 玫瑰花

在云南，玫瑰位列食用鲜花排行榜的前列。

入馔用的玫瑰，是云南特有的土玫瑰。

观赏类的玫瑰，茎长而直，花朵较大。而土玫瑰花，枝干不规则，一簇簇生长，花朵小小的，颜色粉红，香气馥郁。目前在云南种植土玫瑰花已经形成大的产业。在昆明安宁八街，人们大面积种植土玫瑰。当地80%的村民从事土玫瑰种植行业，村民80%的收入来自土玫瑰。八街玫瑰谷种植的玫瑰花的品种，是营养最为丰富的"滇红"。每到春夏之交，玫瑰花绽放的季节，场面都非常壮观。

> **鄢赪说**
>
> 在云南，各种冠以"鲜花"开头的食物，其实大多选择的是玫瑰花，鲜花食物最有代表性的就是"鲜花饼"。
>
> 把玫瑰花做成鲜花酱，适用性更广，做各种点心都可以。

❀ 核桃花

核桃常吃，核桃花还真是少见。

核桃花大多是从山上的核桃树上采摘而来的，长长的一串，摘掉上面的花蕊，只保留中间的嫩的部分。跟搓青核桃皮的后果类似，接触核桃花后，手上沾染的黄绿色需要七八天才能完全洗掉。

> **鄢赪说**
>
> 新鲜的核桃花跟肉一起爆炒或者直接凉拌都可以。此外还可以做成干花。在阳光下暴晒，近10千克核桃花，才能晒出1千克干货，价格自然也不便宜。干的核桃花，吃之前需要用温水浸泡，发好之后按自己的喜好烹饪即可。

❀ 芋头花

芋头花,外形如同一支穿云箭,做法以炒和凉拌为主。

❀ 香柳

傣族人家的特色食物。

香柳不是花。将香柳掂一片在手心里揉开,手上会留下一缕沁人心脾的芳香。

云南特色的舂鸡脚、撒皮、蘸水,都少不了它的踪影。

甚至在凉米线里它都是不可或缺的重要材料。

陆。

逛逛菜市场

几十种外地人眼中陌生而新奇的蔬菜和鲜花都热热闹闹地摆在了市场里。虽然一年内其他时间里蔬菜的品种也很丰富,但很多蔬菜或者过季则无,或者味道大大逊色。

要想真正了解一个地方，就去那里的菜市场，菜市场是最接地气的场所。

在海拔2000多米处，有一处离蓝天那么近的菜市场。

每个时节，这个菜市场上都有各色奇葩食材，让外地人一头雾水，不明就里。

篆新市场，是昆明最大的菜市场。里面有省外人不认识的各种稀奇古怪的东西。

蔬菜，水果，水产品，鲜肉，腊肉，杂货，小吃……

琳琅满目。

就算是当地人，也未必都能说出各种稀奇古怪的食材的名字。

从数据看，国内可作为蔬菜食用的植物约有2000种。云南已鉴定的蔬菜种类就超过400种。

400多种……什么概念？

也就是说，每天变着花样吃吃吃，也能一整年不重样！

"十里不同天"说的是云南的天气多变，但如果说"百里不同味"也一点儿都不夸张。云南地处高原，山脉绵亘，江河纵横，地理特征极为复杂，即使同一季节云南不同区域出产的食材也不同。同在夏天，西双版纳特产的时令食材就有竹虫、菠萝、草芽、臭菜等，而云南东北区域山林广袤，菌菇又是此时典型的时令菜。

云南一年四季花开不断，新鲜果蔬常年可见，但5月～10月属于云南的"雨季"，在丰厚的雨水和适宜的气候的滋养下，果蔬的品种尤为丰富。

怪怪的菜

灰条菜

灰菜，灰灰菜，野灰菜，都是它。

在云南的特色蔬菜之中，灰条菜属于常见的品种。田野、路边，甚至住宅附近，都能看到它的身影。

灰条菜清热利湿，吃起来软软滑滑的，带有一股清香味道。

> **鄢赪说**
>
> 灰条菜可以炒，可以拌。制作之前，需要先焯水，直接吃容易引发皮肤炎症。

❀ 刺五加

在思茅地区的菜馆里常见刺五加的身影。爱吃的云南人,把它端上了饭桌,使其从良药变身为"别具风味"的菜肴。

> **鄢赪说**
>
> 将刺五加洗净,直接配蘸水吃。也有人用它来做凉拌菜或清炒菜。它有淡淡的苦涩味,常吃能够清心去火。

❀ 四棱豆

它是云南特有的食材,其吃法以焯水后搭配云南特色蘸水为主。

当然喜欢炒来吃也没问题,做之前别忘了和做四季豆一样去掉边上的筋。

❀ 大芫荽

大芫荽，其实就是泰国香菜。

云南部分菜的味型，与东南亚菜的味型非常接近。这与其使用的香料有关。

这种大棵的香菜，看起来很粗壮，与常见的香菜相比，它的香气却清新隽永。其香味如同经过了浓缩，入心入魂。它是云南人制作某些蘸水不可缺少的原料之一。

❀ 建水草芽

草芽，又名象牙菜。虽名为草芽，但从外表上看好像和草没啥关系，倒是与笋沾点儿亲。它有白色长根茎，用手掰开就能感觉出其"脆嫩"的程度。

草芽是云南建水的特产，是水边的一种草发出来的根茎。云南人善于就地取材，也许很容易被忽略的植物，被云南人发掘出来以后就成为一种好吃的时令菜。虽然酷似春笋，但草芽味道清淡，有种似有似无的青草香。

在建水，草芽最妙的吃法莫过于搭配过桥米线。加入草芽的汤汁更加鲜美，吃起来真是一口一个鲜。草芽还可以同里脊肉一起炒，成品味道鲜美。涮火锅或裹上料用油炸，风味各异。

鄢颋说

草芽时令性极强，每年4月~8月间有售。因为本身味道清淡，所以草芽烹调时适合和味道鲜浓的材料搭配。宣威火腿肉鲜味浓，而草芽清脆爽口，两者是比较理想的搭档。

🏵 姜瓜（江瓜、姜柄瓜）

有人把它的名字写作姜，有人写作江。无论用哪个字，读起来都好听。

它属于南瓜的一种，外形与珠三角一带的佛手瓜略微相似。

披着皱皱巴巴的一身绿色衣裳，其貌不扬，看起来有点儿像"小老头"，但其实姜瓜属于"内秀"的食材，切开之后，可以看出瓜肉极其细嫩，无论清炒还是炝炒都色香味俱佳。甚至只用开水焯一下，加点儿蘸水，滋味都很鲜美。

鄢赖说

姜瓜3月~8月之间当令，初夏时分味道最为清爽。宣威火腿是云南特产，把姜瓜、高原土豆和宣威火腿一起炖熟，火腿为汤汁增添鲜味，而土豆和姜瓜一个粉糯一个清爽，搭配在一起使这道菜鲜香美味。

❀ 薄荷

说起薄荷,立刻让人回忆起一片清凉。味道强劲的薄荷,在很多地方只作为香料使用,虽然加工之后味道依然清凉,但其真实的个性已经隐藏了不少。在云南,新鲜的薄荷是一道大众蔬菜,它就像青涩的小伙子,味道"冲"得有点儿横行霸道。

集万般宠爱于一身的薄荷,几乎是云南人饭桌上少不了的重要角色。无论是提味增香,还是摆盘装饰,都少不了薄荷。其清新的味道更能与诸多食材碰撞出各种惊喜。

鄢赪说

在云南,全年都能吃到薄荷,但是6月~8月之间的味道最好。

常见的做法是凉拌薄荷,但吃不惯的人感觉成品味道就像"辣椒拌牙膏"。而云南人最喜欢的是薄荷炒韭菜,两种带有强烈个性的蔬菜,就这样不合常理地联袂登场,而且合作得颇具风采!

❀ 臭菜

来自西双版纳的臭菜真的菜如其名,虽然其模样有点儿像北方的茴香,有毛茸茸的小叶子,可是闻起来能把人呛个跟头。采访时刚巧碰到一个来自澳大利亚的外国人,他看到臭菜时竟然有点儿欣喜,因为在他的家乡,这种臭菜磨成的粉是专门用来做香料的。

臭菜的别名好听多了,叫羽叶金荷欢,颇具武侠风。

鄢赪说

用臭菜煮鱼是最常见的做法,还可以用来煮番茄、煮苦笋等,味道虽"臭",可吃起来香。

每年6月~9月是臭菜的出产期,盛夏期间尤好。

臭菜煎鸡蛋,也是常见的做法。因为臭菜味道浓烈,所以如果"单独出场"可能很多人都很难接受。把臭菜切成碎末,和鸡蛋搅拌均匀摊成薄饼,臭菜原本的味道就没这么强烈了。黄绿相间的蛋饼还别具西双版纳风情,下酒、下饭都是一道不错的菜。

❀ 蒲公英

蒲公英，不认识它的中国人可能真不多。吹走飞絮的游戏，贯穿了多少人童年的美好记忆！

蒲公英有充满朝气的黄色花朵，花语是"无法停留的爱"。中国人对蒲公英的爱确实是无法停留的。

入菜，入药——各类偏方中都有大量使用蒲公英的方法。

> **鄢赖说**
>
> 蒲公英独特的苦其实与油醋汁搭配起来相当合适。
> 此外，与各种肉类一起炒也是其常见的做法。

❀ 天麻

文山地区盛产天麻，常规的吃法是炖汤。

> **鄢赖说**
>
> 天麻晒干，是良好的药材。
> 新鲜的天麻，就是一道好菜。
> 切丝，刺身，清凉爽脆，比萝卜还要美味。

虫虫乐园

吃喝方面,脑洞最开,胆子最大的两个地方,一是广东,一是云南。

在云南人手里,山茅野菜、水果花卉以至蚁虫、青苔都可以做成盘中佳肴,许多菜式都可谓具有化腐朽为神奇的非凡创意。

会动的都是肉,

绿色的都是菜,

个性十足。

更特别的是,云南许多地区的人都有吃虫的爱好,变害虫为佳肴,化昆虫为美味,所以蚂蚱、蝗虫、竹虫,经特殊方法料理之后,焦脆鲜香,而成了美味的下酒菜。

各类虫料理,已经成为滇菜之中的必不可少的代表,带有明显的地方民族特色。

竹虫和蜂蛹

竹虫只在云南湿热的南部才能出产，除气候之外和竹子的品种也有很大关系。不过竹虫和竹是和平共处的关系，竹子并不会因为长了竹虫之后而生病死去，这也是一个奇特之处。而蜂蛹是佤族、傣族等民族特色菜，凡土蜂、黄腰蜂、白脚蜂，黑蜂、葫芦蜂的蛹，都可采来食用。

蜂蛹和竹虫一般都是用油煎食，在七成热的油里炸至颜色金黄即可食用，不能炸到太焦，否则会把里面的"内容"炸空，而且要趁热蘸着"椒盐蘸水"一起食用，虽然这两样东西看起来面目"狰狞"，不过吃起来却外脆里嫩，香脆可口，是佐酒佳肴。蜂蛹和竹虫都是蛋白质含量极高的食品，热量比较高，而且是用油炸食，比较适合秋冬季节食用。

柒。
鄢赪大师的16道经典菜

将食物用充满极致美感的形式呈现，带来口舌之外感官的愉悦。

这种舌尖审美，是在经济发展到一定阶段，食客有足够美食经历之后的必然趋势。

对食物的『全面感官』之美的追求，是世界性的。

陆。逛逛菜市场

蟠桃乳饼配虾胶羊肚菌

乳饼是云南传统美食,可能从公元9世纪开始就出现在人们的餐桌上。乳饼以石林彝族自治县(以前叫路南县)的最为美味,因此也常被称为路南乳饼。

选用新鲜羊奶煮沸后加入食用酸,凝固后压实制成。做法多种多样,通常的做法是煎、煮、蒸、烤,甚至可以生吃,都可以感受到不同的美味。

乳饼成品呈乳黄色,质地细密,表面有油质。乳饼有丰富的营养,口味纯正,乳香浓郁,深受人们欢迎。它很方便携带,很多人会把它放入密封罐里,即使放置半年也完全不会变质。而将乳饼与宣威火腿片合在一起制熟,更是一道当地名吃——"火夹饼"。

主

乳饼	…………………	100 克
虾胶	…………………	30 克
制好的羊肚菌	…………	50 克

辅

火腿碎	…………………	10 克
黄瓜丝	…………………	10 克
蛋清	…………………	30 克
胡萝卜碎	…………………	10 克
杏仁片碎	…………………	10 克
菠萝胶囊	…………………	10 克
鸡酱啫喱丁	………………	10 克
胡萝卜丝	…………………	少许

调

盐	…………………	10 克
胡椒粉	…………………	10 克
酱油	…………………	10 克
鲍汁	…………………	10 克
植物油	…………………	适量

装

绿叶菜	…………………	少许
食用花	…………………	少许

1. 将乳饼细细打成泥,加入杏仁片碎、蛋清混合均匀。
2. 将盐和胡椒粉加入,顺时针搅拌至上劲,用黄瓜丝、胡萝卜丝、胡萝卜碎、火腿碎一起做成蟠桃造型待用。
3. 用类似酿的手法,将备好的虾胶挤到羊肚菌内。可以使用裱花袋,这样会让这个过程简单一些。
4. 将羊肚菌上扒炉,用中火煎至上色,然后用中小火煎至熟,放入酱油调味待用。

5. 将第一步做好造型的蟠桃形乳饼混合物,放入150℃的油中炸至呈金黄色。在这一步中,最关键之处是对油温的精确控制。油温过低成品无法定型且影响口感,过高则易糊。如果对油温没什么把握,最好借助厨房专用的温度探针。
6. 将所有蟠桃形乳饼混合物放入油锅中炸好。
7. 炸好后捞出,放入盘中。在炸好的乳饼和羊肚菌上浇上提前准备好的鲍汁。
8. 放入菠萝胶囊、鸡酱咔喱丁及装饰材料点缀即可。

影响中国菜的那些人　鄢赪

玫瑰糖醋

柒。鄢赪大师的16道经典菜

云南牛干巴历史悠久，与茶马古道有着不解之缘。以前的马帮出门不方便带新鲜肉，就带上风干的牛干巴。马帮常常带五驮普洱加一驮牛干巴，这样可以最大程度地发挥马队的运输能力。牛干巴是老祖先智慧的结晶，也是一种传统食品。

牛干巴色如板栗，古朴雅致，干而柔软，香而不燥，润口回味，美不胜收。制作牛干巴选用肥壮菜牛，寒露前后宰杀，经剥皮、开膛、上挂和剔骨后割下24块完整的牛肉，放入盆中，撒上精盐，用力揉搓。

每百千克牛肉，需用盐6～8千克，每块肉都要经过两三次反复揉搓，直到把肉搓回软，盐分布均匀后，才放入大缸中腌制。封盖后，腌制半个月，拿出来，挂起来，滴去水，随即提到室外晒3～5天，再挂在通风处晾起来，等肉一干即可食用，风味独特。

主

牦牛干巴 150克

调

白芝麻	5克
葱花	少许
云南玫瑰酱	10克
生抽	5克
鸡饭老抽	5克
高汤	10克
老陈醋	5克
植物油	适量

装

| 干小玫瑰花 | 5克 |
| 绿叶菜 | 少许 |

1. 把准备好的牦牛干巴切成薄片。
2. 用120℃的植物油炸香牦牛干巴片,捞出待用。控制好油温和过油的时长,不用炸得太过。
3. 将云南玫瑰酱下锅,用小火加热。
4. 放入高汤、生抽、鸡饭老抽、老陈醋调味,大火收汁至汤汁浓郁黏稠。
5. 将炸香的牦牛干巴片放入锅中,混合均匀。
6. 再放入白芝麻、葱花,摆盘,用装饰材料装饰即可。

干巴菌烩饭

干巴菌，是鄢赪比较喜欢的一种菌菇。干巴菌，是云南著名的食用菌，香味馥郁厚重，回味隽永。传统的做法，是与皱皮青椒、鸡丝、芦笋一起炒，或者干煸、凉拌。

循着中餐西做这一思路，鄢赪把干巴菌做成了分子料理胶囊。也可以用干巴制作烩米饭，在平底锅中，先炒蒜蓉、干巴菌等材料，再下米饭等食材一起做熟，米粒被汤汁包裹，在炒制的过程中慢慢收干。米饭有嚼劲，干巴菌的香气萦绕回转，口味层次分明。

柒。鄢赪大师的16道经典菜

主

- 新鲜干巴菌 ………… 30克
- 凉米饭 ………… 120克

辅

- 皱皮青椒碎 ………… 10克

调

- 蒜蓉 ………… 15克
- 高汤 ………… 20克
- 腌制的韭菜花 ………… 10克
- 盐 ………… 5克
- 胡椒粉 ………… 5克
- 鸡粉 ………… 5克
- 鸡油 ………… 5克
- 植物油 ………… 适量

装

- 绿叶菜 ………… 少许
- 食用花 ………… 少许

1. 把新鲜干巴菌用植物油炒香,下高汤,放少许盐、少许胡椒粉、少许鸡粉调味,煮10分钟。

2. 用搅拌机把炒好的干巴菌搅碎,用分子料理技术做成胶囊待用。

3. 将鸡油下入热锅中,爆香蒜蓉、皱皮青椒碎,火可以略大一点儿,然后放入米饭炒匀。炒饭时,如果有饭粒抱团,不要按压,温度到了会自行散开的,按压会影响饭粒的完整度,进而影响口感。

4. 用剩余的盐、剩余的胡椒粉、剩余的鸡粉调味。

5. 装入盘中,把炒好的饭用模具做好造型。

6. 把加热好的干巴菌胶囊放在饭上面,配上腌制的韭菜花和装饰材料点缀装盘就可以了。

过桥米线蜚声海内外，是云南地区的代表性美食。相关的故事与民间传说车载斗量，而无论是"秀才读书，妻子送饭"，还是其他不同版本，最终都汇合为"蒙自派""建水派"两派。

当然，无论蒙自派还是建水派都对汤底的鲜有自己独到的见解。在云南，每家出名的过桥米线都有着独家的吊汤秘诀。

吊汤时，用鸡肉、猪肉、猪骨等加水煮透，然后吊出清汤。汤要清，味要鲜，追求五味融合。正应了那句老话——"艺人的腔，厨师的汤！"在经典吃法的基础上，鄢赪加入了松露等配菜，令味道更加丰富。

过桥米线

主

生鸡薄片	……………	3克
生鱼薄片	……………	3克
生云南火腿薄片	……	3克
生猪里脊薄片	…………	3克
生鲜墨鱼薄片	…………	3克
发好的海参薄片	……	3克
生鹌鹑蛋（去皮）	……	2粒
生虾薄片	……………	3克
生松茸片	……………	3克
生松露片	……………	3克
生竹荪片	……………	3克
熟猪肉薄片	…………	3克
熟鸡块	………………	3克
熟豆蓉	………………	3克
脆哨	…………………	3克
白米线（或红米线）	…	80克

辅

豆苗	…………………	3克
熟韭菜段	……………	3克
熟白菜丝	……………	3克
豆腐皮丝	……………	3克
云南水腌菜	…………	3克
玫瑰大头菜丝	………	3克
建水草芽片	…………	3克
绿豆芽	………………	3克
食用菊花	……………	3克

调

葱花	…………………	3克
芫荽碎	………………	3克
盐	……………………	3克
胡椒粉	………………	3克
鸡粉	…………………	3克
鸡油	…………………	5克
清高汤	………………	150克

柒。鄢赪大师的16道经典菜

1. 把事先准备好的清高汤用盐、胡椒粉、鸡粉进行调味。把需要用到的其他材料准备好，装盘待用。

2. 将一个大碗放入 280℃的烤箱中，加热 10 分钟。取出的时候要格外小心，碗的温度相当高。把加热到 180℃的烫鸡油浇到碗里。再把调好味的清高汤加热全沸腾，倒入碗中。整个操作过程需要注意安全，防止烫伤。

3. 将主料里的各类生鲜肉片放入碗中，烫熟。

4. 依次下其他主料和辅料，再放入其他调料。这个步骤通常由食客自主完成，对材料熟成度依个人喜好来定。

云南春卷

　　春卷在我国有着悠久的历史，北方有的地方也称为"春饼"。据传在东晋时代就有春卷了，那时可能叫"春盘"。诗人杜甫的"春日春盘细生菜"和陆游的"春日春盘节物新"等相关诗句，都反映了唐宋时期人们"吃春盘"这一生活习俗。

　　春盘又叫五辛盘。古人说，以葱、蒜、韭、蓼蒿、芥五种食物杂和食之，谓之五辛盘。以后春盘、五辛盘又演变为春饼。云南春卷在原有的基础上，又加入了当时得令的时鲜风味和地域特色，例如时鲜的香椿、特色的云腿等，赋予春卷更丰富的味道。

主

- 猪肉末 ············· 100 克
- 鸡蛋液 ············· 150 克
- 面粉 ··············· 150 克

辅

- 熟火腿碎 ··········· 30 克
- 金钩碎 ············· 30 克
- 玉兰片碎 ··········· 30 克
- 香椿碎 ············· 50 克

调

- 盐 ················· 5 克
- 胡椒粉 ············· 5 克
- 鸡粉 ··············· 5 克
- 生抽 ··············· 5 克
- 水淀粉 ············· 5 克
- 云南甜酱油 ········· 10 克
- 植物油 ············· 适量

1. 鸡蛋液搅拌均匀,加面粉打至上劲,再用 30 毫升水稀释。锅加热,加少许植物油将鸡蛋面糊摊成薄饼,改刀待用。
2. 把猪肉末用植物油炒香,再把熟火腿碎、金钩碎、玉兰片碎、香椿碎一起下锅煸炒,拌匀。
3. 用盐、胡椒粉、鸡粉、云南甜酱油、生抽调味,下水淀粉,收汁,制成馅料待用。
4. 用摊好的薄饼包住炒好的馅,做好造型。
5. 用植物油炸成金黄色装盘即可。

虫草石斛花汽锅鸡

柒。

鄢赪大师的16道经典菜

滇南建水是著名的陶乡，出产的红土陶色泽光亮，工艺精细。红土陶的一种大宗产品是"汽锅"。这"锅"实际上并不是普通意义上的锅，它外观似钵而有盖，揭盖一看，中央有突起的圆腔通底，如铜火锅的上半部分。这一圆腔便是汽嘴。

在好几代云南人的记忆里，吃汽锅鸡就代表着过年。其实做好一锅传统的汽锅鸡，关键就在于要用建水的陶汽锅和文山的三七。善于经营的昆明人把汽锅鸡餐馆越开越大，而家宴上的汽锅鸡经年渐少，现在一般只能下馆子慰藉舌尖上的相思了。

传统的汽锅鸡用鲜鸡，加生姜、葱段、熟火腿片等增香，不可多放盐，可以再加上三七、枸杞制成药膳。鸡肉的材质好坏也是成败的关键。汤汁则更是清澈见底，奇香扑鼻。好的汽锅鸡鸡汤清鲜，鸡肉软糯，一碰即散。

主
带骨鸡 …………… 200 克

辅
虫草花 …………… 10 克
石斛花 …………… 10 克

调
葱段 …………… 10 克
姜片 …………… 10 克
盐 …………… 5 克
胡椒粉 …………… 5 克
鸡粉 …………… 5 克

装
食用花 …………… 少许

1. 将带骨鸡斩成均匀的鸡块。
2. 斩好的鸡块需要在凉水中浸泡一晚,把血水泡出来,捞出鸡块。泡鸡块的水待用。
3. 把鸡块凉水下锅,煮沸后关火。
4. 取出鸡块,用清水洗净备用。

5. 把泡鸡块的水慢慢加入初次煮鸡留下的汤中,用小火慢炖至血沫凝固结块。

6. 用细漏网滤出杂物,汤底要清澈见底,用盐、胡椒粉、鸡粉调味。

7. 把洗净的鸡块放入云南汽锅中。向汽锅中浇入汽锅容积 1/3 左右的清汤,放入葱段、姜片、石斛花以及虫草花。

8. 密封上炉后蒸 4 个小时以上,上桌前拣出葱段、姜片,用食用花装饰即可。

大理梅子鲫鱼

大理市拥有洱海，湖鲜自然是餐桌上不可缺少的一部分。大理的酸辣鱼，一般用洱海里的鲫鱼烹制，但是现在湖鲜产量减少，而需求量大，所以大多都是用自家鱼塘养殖的鲫鱼制作。

大理酸辣鱼最有特色的部分是其酸味，来源是云南特产的白木瓜。这种白木瓜生津可口。除了鱼肉本身之外，有些酸辣鱼中配菜用的土豆、豆腐、泡皮（炸猪皮）对于"老饕"来说都是莫大的诱惑。

在大理有句话这么说："家有万贯，不吃鱼汤拌饭。"意思是说这道菜太过可口，会忍不住吃太多以至于把家给吃穷了。酸辣鱼在大理的餐厅里也是很常见的。

柒。 鄢赪大师的16道经典菜

主

豆腐块	……………	50 克
大理鲫鱼	…………	300 克
土豆厚片	…………	80 克
新鲜大理梅子	………	10 克
新鲜大理木瓜	………	30 克

辅

干大理梅子片	………	10 克
干木瓜片	……………	10 克

调

泡椒碎	……………	10 克
盐	………………	10 克
胡椒粉	……………	5 克
味精	………………	3 克
生辣椒面	…………	5 克
小香葱段	…………	10 克
姜片	………………	5 克
蒜瓣	………………	10 克
山泉水	……………	适量
植物油	……………	适量

1. 先用山泉水把大理干梅子片、干木瓜片煮2小时，发酵数日备用。
2. 用植物油把泡椒碎煸炒一会儿，放少许小香葱段和姜片、蒜瓣煸香，加生辣椒面炒至油发红。
3. 加发酵后的泡梅子片、木瓜片的水。
4. 放土豆厚片、豆腐块、大理鲫鱼煮沸，再放新鲜大理梅子、新鲜大理木瓜，下盐、味精、胡椒粉调味。
5. 用大火收汁，下剩余的小香葱段，装盘即可。

柒。鄢赪大师的16道经典菜

鸭油臭豆腐

臭豆腐，又称毛豆腐，可能起源于元代，中国各地都有。而云南建水所产的臭豆腐色泽淡黄，表面有一层茸毛，味道微臭，但更多的是鲜香适口。

鸭油，鲜香浓郁。将它和臭豆腐结合，去异存香，别具风味。用它制作的臭豆腐，兼具了蒸豆腐的泡松软嫩，炒豆腐的辣烫油润，烧豆腐的香脆鲜酥，堪称一绝，是云南民间著名的小吃。

柒。鄢赪大师的16道经典菜

主
建水臭豆腐 ……… 100 克
宜良烤鸭肉 ……… 100 克

辅
皱皮青椒碎 ……… 10 克
青蒜苗碎 ……… 10 克

调
大蒜碎 ……… 10 克
小香葱碎 ……… 10 克
盐 ……… 5 克
胡椒粉 ……… 5 克
鸭油 ……… 10 克
鸡粉 ……… 5 克
红油 ……… 5 克

装
绿叶菜 ……… 少许
食用花 ……… 少许

1. 先把皱皮青椒碎、青蒜苗碎、大蒜碎拌匀，加少许盐待用。把建水臭豆腐切成约5厘米见方的大块。
2. 把拌匀的皱皮青椒碎、青蒜苗碎、大蒜碎垫在砂锅底，撒剩余的盐和胡椒粉、鸡粉，放上两层臭豆腐块。
3. 在臭豆腐块上放宜良烤鸭肉，将造型整理好，浇鸭油、红油。
4. 放入180℃的烤箱中烤30分钟，撒小香葱碎，用装饰材料装饰即可。

柒。鄢赪大师的16道经典菜

云南烤鸭烧饵块

声名远扬的云南十八怪之一就有"米饭饼子烧饵块"。饵块是历史悠久的云南小吃，尤其以腾冲的最为著名，还有"大救驾"等不同版本的民间传说。无论传说是真还是假，不可否认的是云南人对大米的花式吃法真的是颇有心得。

制作过程中，将大米淘洗、浸泡、蒸熟、冲捣，制成各种形状，常见的有块、丝、片三种。烹制方法就更加灵活了，烧、煮、炒、卤、蒸、炸均可，风味各异，久吃不腻。在经典吃法的基础上，鄢赪引入了另一款云南名菜——宜良烤鸭，与饵块搭配相得益彰。

柒。鄢赪大师的16道经典菜

主
- 云南烧饵 …………… 100 克

辅
- 宜良烤鸭肉 …………… 80 克
- 黄瓜丝 …………… 30 克

调
- 葱白丝 …………… 10 克
- 甜面酱 …………… 20 克
- 芝麻酱 …………… 20 克
- 昆明甜酱油 …………… 10 克
- 红油 …………… 10 克
- 糖 …………… 10 克
- 小麻油 …………… 10 克

装
- 绿叶菜 …………… 少许
- 食用花 …………… 少许

1. 把甜面酱、芝麻酱、昆明甜酱油、糖混合。
2. 加入红油、小麻油搅匀，上蒸箱蒸 2 个小时待用。烧饵块酱就做好了。
3. 把云南烧饵放入锅中，用炭火煎熟，表面放上烧饵块酱。将烤鸭肉部分切成条，部分切成片。
4. 卷入宜良烤鸭肉条、黄瓜丝、葱白丝，卷好后切成段，用烤鸭片和装饰材料装饰即可。

大名鼎鼎的丽江鸡豆凉粉，声名能远扬四方，游客们的口口相传功不可没。除凉吃外，热吃也风味独到。

凉吃大多在暑季。将凉粉片与红辣椒、绿韭菜、花椒、青葱、芥末、酸醋等材料腌拌在一起，开胃清暑，色香味俱佳。

而热吃则多在寒凉季节。将凉粉块放入平底锅中煎至两面金黄，按各人口味加上麻、辣、酸味的各种调料，一碗下肚，肠胃畅快。

鄢赪的做法除了使用常规的材料外，又加入了云南特色的金雀花。老树发新芽，旧瓶装新酒，使一道小吃登堂入室，通过艺术的摆盘变身成精致佳肴。

煎鸡豆粉金雀花卷

主
丽江鸡豆粉皮 …… 150克

辅
鸡蛋液 ………… 约100克
鲜金雀花 ………… 20克
皱皮青椒碎 ………… 10克

调
小香葱碎 ………… 20克
盐 ………………… 5克
糖 ………………… 5克
胡椒粉 …………… 5克
鸡粉 ……………… 5克
生抽 ……………… 5克
陈醋 ……………… 5克
植物油 …………… 适量

1. 将鲜金雀花、鸡蛋液、皱皮青椒碎、小香葱碎用植物油炒香。
2. 依次放入盐、胡椒粉、鸡粉、生抽调味备用。
3. 炒好的材料用丽江鸡豆粉皮卷成圆柱形,上扒炉扒至上色,炝陈醋。
4. 切块装盘,用少许金雀花(分量外)装饰即可上桌。

傣家泡抗浪鱼

云南是一片被偏爱的土地。抗浪鱼作为云南独有的鱼，倍受关注。

抗浪鱼的个头不大，只有五六寸（16厘米左右）长。和其他鱼比较起来，她像一个苗条美丽的少女，如同一位永远长不大的小公主。

抗浪鱼喜凉的泉水。每年的立春至立秋这段时间是它的鱼汛期，当地人称为鱼发期。抗浪鱼在鱼洞中产卵，它们的卵是半黏性的，必须附着在沙石、岩礁等物体上，而浅滩才具备这种条件。

所以，每当春回大地，特别是雨水落地后，它们便从深水中游到岸边浅滩产卵。来时成群结队，铺满浅滩，蔚为壮观，产卵后便游回深水中，看不到一点儿踪影。

它们来去都有规律，这个规律叫"来三去七"，即来三天，去七天，至立秋节令后，这种现象便渐渐稀少，以至消失，要到次年立春节令后再出现。

柒。鄢赪大师的16道经典菜

主

抚仙湖抗浪鱼 …… 200 克

调

山泉水	…………	500 毫升
生抽	…………	5 克
大红浙醋	…………	5 克
鲜柠檬汁	…………	5 克
自制糖浆	…………	5 克
味琳味精	…………	5 克
蒜蓉	…………	5 克
姜碎	…………	5 克
芫荽段	…………	5 克
大芫荽段	…………	5 克
小米辣碎	…………	5 克

装

食用花 ………… 少许

1. 把山泉水倒入锅里用大火煮沸，调成中火，使水保持沸腾。下抗浪鱼，然后马上关火，把抗浪鱼浸熟。
2. 因鱼的体型较小，浸制时间通常不宜超过3分钟。捞出，沥干水。
3. 将其他调料加一些水调好。调料的量可以依情况微调。
4. 将熟抗浪鱼放入汁水中浸泡至入味，捞出装盘，再把部分兑好的汁水浇到浸熟的抗浪鱼上，用食用花装饰即可。

美味牛肝菌

说起云南野山菌,牛肝菌必然是最受关注的。它是云南众多野山菌中,接受度、美誉度、传播度最高的一种。在法国、意大利等欧洲国家,牛肝菌被认为是仅次于黑松露的菌菇,更有"king of mushroom"(菌菇之王)的美誉。尤其是在意大利,家家户户都爱牛肝菌。

在当令的时节,云南每个集市都可以买到。当令时吃新鲜的,在其他季节,将其晒干,磨成粉,做成酱,一样美味至极。无论做沙拉、意面、扒菜,都用得到。

在中国的云南,牛肝菌也是性价比之王。相比松茸、干巴菌、黑虎掌菌等菌菇,牛肝菌的价格相对低一些,但味道却很出众,所以在云南菌菇的市场里,它能讨得头彩,其拥趸也最多。

主
新鲜牛肝菌（洗净）	…………	200 克

辅
皱皮青椒	……………	5 个
宣威火腿碎	……………	5 克
皱皮青椒碎	……………	5 克

调
蒜瓣	……………	5 克
鸡油	……………	5 克
红油	……………	5 克
高汤	……………	30 克
蒜蓉	……………	5 克
小香葱碎	……………	5 克
小米辣碎	……………	5 克
盐	……………	5 克
胡椒粉	……………	5 克
鸡粉	……………	5 克
生抽	……………	5 克
鲍汁	……………	5 克
花椒粉	……………	5 克
花椒油	……………	5 克
小麻油	……………	5 克
花生酱	……………	5 克
鸡饭老抽	……………	5 克

装
食用花	……………	少许
绿叶菜	……………	少许

1. 热锅下少许鸡油，把新鲜牛肝菌煎一下，再放入皱皮青椒和蒜瓣炒出香味至熟。
2. 锅中放入大部分高汤和煎好的牛肝菌，用小火煨 1 小时待用。
3. 用剩余的鸡油把皱皮青椒碎、小米辣碎、宣威火腿碎、蒜蓉、小香葱碎炒香，随后依次放入鲍汁、花生酱再炒片刻。
4. 下剩余高汤拌匀，放盐、胡椒粉、鸡粉、花椒粉、花椒油、小麻油、鸡饭老抽、生抽调色调味。
5. 把煨好的牛肝菌放到调好的汁水里用中火收汁，捞出。
6. 改刀后装盘，淋红油，用装饰材料装饰即可。

酸笋藠头汁和牛

云南人对蘸水爱不释手。究其食俗形成的原因，地理因素占据了很大的比重。云南多高山、峡谷，自古物质流通不便，炊事不甚精细，食品外形和味道都偏粗犷。做饭时常将各种食材一锅混煮，而其味道，主要来自蘸水。

这道料理的亮点正是地道的云南土味酱料。其制作极富巧思。用云南特有的风味酸辣藠头，加小米辣、酸笋、芫荽等材料调味，在保持牛扒鲜嫩口感的前提下，用此酱料保证了菜肴中西合璧的复合型口味，达到鲜、酸、辣、微甜的口感效果，令人回味无穷。

柒。鄢赪大师的16道经典菜

影响中国菜的那些人 鄢赖

主

和牛 ……………… 200克

辅

酸笋丝 ……………… 10克
藠头块 ……………… 10克
熟火腿末 ……………… 10克
熟瑶柱 ……………… 10克

调

小米辣 ……………… 5克
葱花 ……………… 10克
高汤 ……………… 50克
鸡油 ……………… 30克
芫荽碎 ……………… 10克
盐 ……………… 5克
糖 ……………… 5克
胡椒粉 ……………… 5克
鸡粉 ……………… 5克

装

食用花 ……………… 少许
绿叶菜 ……………… 少许

柒。鄢赪大师的16道经典菜

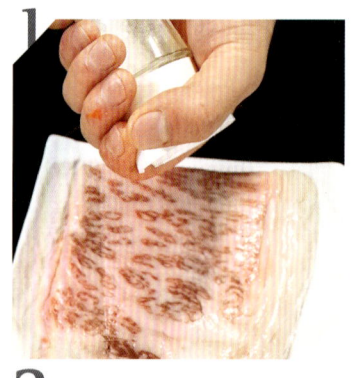

1. 将和牛切成大块，用少许盐腌制待用。
2. 热锅下鸡油，将葱花、芫荽碎炒香后再放酸笋丝、藠头块、小米辣、熟火腿末、熟瑶柱，再炒至出香味。
3. 放高汤，用中火炖 5 分钟。

4. 取出，用搅拌机打碎待用。把搅碎的汁加剩余的盐和胡椒粉、鸡粉、糖调味，制成酸笋藠头汁。
5. 把和牛放到280℃的扒炉上，煎至表面起壳再放到220℃的烤箱里烤8分钟取出。
6. 浇上酸笋藠头汁装盘，用装饰材料装饰即可。

苏子包、苦荞火腿包双吃

甜荞就是普通荞麦，也是我国栽培较多、较常见的荞麦品种。苦荞，又称为鞑靼荞麦，在西南地区栽培相对较多，但论营养价值远超甜荞。

甜荞、苦荞并称粗粮二雄，它们如同健康餐饮中的"哼哈二将"，虽有不少相似之外，但它们同时又有着迥异的特点。鄢赪创造性地将它们与相应的食材组合，使其并列呈现。

影响中国菜的那些人　鄢赪

152

苏子包

主
低筋面粉	…………	200 克
甜荞麦粉	…………	300 克

辅
苏子馅	…………	适量
泡打粉	…………	10 克
酵母	…………	少许
黑芝麻	…………	少许

调
白糖	…………	30 克

柒。鄢赪大师的16道经典菜

1. 盆中放入低筋面粉、甜荞麦粉，依次放入酵母、泡打粉、白糖，加入 100 毫升清水拌匀。

2. 充分揉透至光滑。

3. 将面团分割，搓成条，分成大小均匀的面剂。

4. 压扁，分别包入苏子馅，滚圆。

5. 再次搓成圆柱形条状，放上少许黑芝麻，放入蒸笼醒发。

6. 大火蒸熟即成。

苦荞火腿包

主
苦荞麦面	…………	300 克
低筋面粉	…………	200 克

辅
小苏打	…………	10 克
泡打粉	…………	10 克
猪油	…………	20 克
火腿馅	…………	100 克

调
白糖	…………	30 克

柒。鄢桢大师的 16 道经典菜

1. 盆中放入苦荞麦面,依次放入小苏打、泡打粉,再倒入适量温水,搅拌均匀。
2. 放入白糖,揉至白糖化开后,放入低筋面粉。
3. 揉拌均匀后放入猪油,再次揉至光滑。
4. 将面团分割,搓成条,分成大小均匀的面剂。
5. 面剂压扁,分别包入火腿馅。
6. 封口朝下,放入模具中,用大火蒸熟即成。

皱皮青椒炒鲜天麻

天麻从古至今都是一款食用价值较高的食材。新鲜天麻主要生长在高寒山区。在云南，无论是做汽锅鸡、蒸鱼头，还是用来和其他新鲜食材搭配做小炒，都会用到它。云南人对天麻可谓情有独钟。

在这道菜中，鄢赪将新鲜天麻和云南招牌的皱皮青椒同炒，口感和味道上相得益彰，呈现出令人耳目一新的全新感觉。

柒。

鄢赪大师的16道经典菜

主
新鲜天麻 …………… 150 克

辅
皱皮青椒丝 …………… 50 克
红菜椒丝 …………… 少许

调
小香葱碎 …………… 5 克
蒜蓉 …………… 5 克
高汤 …………… 50 克
鸡油 …………… 5 克
糖 …………… 5 克
盐 …………… 5 克
胡椒粉 …………… 5 克
鸡粉 …………… 5 克

装
绿叶菜 …………… 少许
食用花 …………… 少许

1. 把新鲜天麻去皮，切成丝。
2. 放进沸水里焯熟待用。
3. 热锅下鸡油，放蒜蓉、皱皮青椒丝、红菜椒丝，炒至出香味，再下高汤、盐、胡椒粉、糖、鸡粉和焯熟的天麻丝，用小火炖5分钟。
4. 用大火收汁，撒小香葱碎搅拌装盘，用装饰材料装饰即可。

影响中国菜的那些人　鄢赪

芝麻锅渣

柒。
鄢顿大师的16道经典菜

锅渣是云南安顺地区的著名小吃,在整个云南都有一定的知名度。作为一种拥有广泛群众基础的地方特色食品,它倍受食客的欢迎,而鄢赪用西式甜点的制作方法和摆盘思路,把一个不修边幅的"老熟人"变成了焕然一新的"好朋友"。

主

全蛋液	100克
淀粉	50克
高筋面粉	100克

辅

熟芝麻粉	50克

调

糖粉	30克
植物油	适量

装

食用花	少许
绿叶菜	少许

1. 将全蛋液和高筋面粉倒入盛器中,搅拌成面团。
2. 加 100 毫升水稀释成鸡蛋面糊待用。
3. 将锅里放入和鸡蛋面糊等量的开水,再把鸡蛋面糊慢慢倒入锅里。
4. 搅成稀糊状。